AF206118

*Gunther Strada*

# Abends nach 37 Worten

*Liebesgedichte*

*Bibliografische Information der Deutschen National-
bibliothek:*
*Die Deutsche Nationalbibliothek verzeichnet diese
Publikation in der Deutschen Nationalbibliografie;
detaillierte bibliografische Daten sind im Internet
über http://dnb.dnb.de abrufbar.*

© *2017 Gunther Strada*

*Herstellung und Verlag: BoD – Books on Demand,
Norderstedt*

*ISBN: 978-3-7460-3397-6*

*„Meine Musik wird am besten von Kindern und Tieren verstanden."*

Igor Strawinsky

rosaceae
harz oder haare
roter milan
stratocumuli grau
sinus oder cosinus
küssen und lieben

viel himmel
und unten ein bisschen berg
grosse augen, leise worte
lächeln, wer bist du?

liest licht
weisse haut
ein mondgesicht
arme fein behaart
abendlicht, schaut
rote haare, kleiner mund
rosa lippen, dünnes kinn

die starrenden sterne
zu tausenden
zwei reihen
eingeglast
klein
sehr klein
silberband
am firmament
perlen
am handgelenk

eine andeutung vielleicht
eine geste
vielleicht ein paar schritte gemeinsam
eine leichte hand
wie ein fallendes herbstblatt, rot

ein weg
glänzendes grün
ein hoher baum
ein innehalten
irgendwas
für dich

unten das dorf
dann der wald
die hügel am horizont
ein spüren
irgendwas
für dich

sommerwärme
weisse wölkchen
dunst in der ferne
ein lächeln
irgendwas
für dich

weidende pferde
blütenkelche
roter mohn
ein bisschen glück
ein verlangen
nach dir

dazwischen
millionen von jahren
warten am rand
ein augenaufschlag
du?


nach einem jahr ein baum
zeichen eines sich öffnens
abends ein geräusch
bleibt an langen, dünnen wimpern hängen
bist du es?

du hier? gestern?
es ist liebe
den wald, die wiese
deine augen
das war
die liebe ist
du bist
rote blüten an der böschung
gebrochen
dich
hingelegt
dir
kommst du morgen wieder?
liebst du?
den wald, die wiesen, die blumen
siehst du?
rot an der böschung
wo bist du?

die rosen tragen zuckerhüte
der regen splittert
rot sind deine lippen
komm wieder!

der morgen zittert
die malven singen
rot sind deine wangen
komm wieder!

im mohnfeld rennen pferde
blut klebt an den sonnenstrahlen
klein sind deine brüste
komm wieder!

am flussufer liegt der mond
füsse verwurzeln
feucht sind deine hände
komm wieder!

gedanken schwimmen auf dem kaffee
die schlange zuckt
weiss sind deine zähne
komm wieder!

oh dächer von oleander
himmel aus palmen
oh augen wie nachtlichter
hände sanft wie der seespiegel

es war der neue regenmorgen
als die gelben birkenblätter an ihren brüsten klebten
tundra hiess es im schulbuch
novembergrau lag es über den feldern
still zog der fluss an der stadt vorbei
und ihre augen glänzten
wie die nasse strasse im morgenlicht

liebte die birken
weiss bis ins feinste geäst
küsste den nebel, schal und kalt
fasste erschauernd ins flusseis
spürte den raureif über die glieder rieseln

liegst du nackt
liegst du so
liegst du wie du bist
klein
nackt
da vor ihr
warme feuchte haut
lebst
liebst
schwach
bedürftig
kommt es von den brüsten
von innen
von den augen

grüne nachtschlange
rotfüssiger fuchs
zerfallende worte im berg
hohe brücken
spanische rosen
sie brachte mir modernd ein herbstblatt
küsste es
löste es von roten lippen

küsse den morgennebel
trinke vom warmen flusswasser
koste vom morgentau
von der blauen fischhaut

auf der weide stehen brennende schafe
am himmel kreisen schwarze tauben
an den brüsten hängen tote schlangen
blut rinnt über die bleichen wangen

zwei lichtlein am rande des lebens
zwei hände sanft und warm
eine stimme plötzlich neben dir
sie schaut dich an
du erschrickst:
die dünnen lippen
die grossen augen

die sonne ist gefallen
jetzt geht sie zurück
es ist wie ein abendlied im gegenlicht
sie ist schön
sie ist auf der flucht
war es zu viel?

leuchtende grasbüschel
grünes wasser
warmer stein
sie steigt aus dem fluss
lila im gegenlicht
die sonne ist gefallen

schaut auf die uhr
gehen, zwei frauen
the sun is shining

schaut aufs handy
kommt, ein bus
der himmel ist blau

schaut dich an
wartet, ein mann
morgens am bahnhof

füsselte die treppe empor wie ein verliebter chihuahua
schenkte den heissen kaffee einer älteren dame
sprachlos
setzte mich in den bus und fuhr los
die sterne waren erloschen
das café geschlossen
kein mensch in der gasse
der bus hielt an der haltestelle
niemand stieg ein
im rosa gartenbeet fiel ich vom wagen
das war der falsche kurs

sie kamen zu viert
ziehend
wie weihnachtsbäume
oder hunde

sie fuhr alleine
tippend
wie spinnen
aufrecht

er sang
schachtelnd
von unten
wie schachtelhalme

sie sass
öffnend
von innen
wie schalen

au niveau inférieur
pants
auf dem friedhof
nivelliert

schnitte in den fingern
lips
orangen am himmel
seiden schwarz

unter dem blatt
lamellen
vor dem stubenlicht
nackt

die kunstkarte oder die doppelkunst
sagte sie
halbschuhe schwarz oder dunkelblau
er hätte sie gerne geküsst

abends nach 37 worten
sagte er nichts mehr
nahm ihre mütze
und ging

du solltest jetzt gehen
das wasser fliesst schnell
die steine liegen
die sonne brennt heiss
du solltest jetzt gehen
sie kommt nicht wieder

unter der brücke ist schatten
der weg folgt dem fluss
dort ist die mauer
dahinter die stadt
du solltest jetzt gehen
schon lang ist sie fort

einmal siehst du sie wieder
der abend ist lau
die schwalben fliegen
der himmel wird rot
einmal siehst du sie wieder
sie wartet auf dich

das silbern der weiden
der bogen der brücke
das rauschen des flusses
das bänklein steht da
einmal siehst du sie wieder
dort unten am fluss

eintrübung der liebe
vergrauung des fumens
jenseits des zaunes
fensterbäume
regenlichter
ein salatfeld
die einfahrt ist vergleist
aufgemaltes licht am fenster
abends
wenn die schwärze aufbricht
angst
kriecht
abwärts
sie ist weg
eine dünne spur
rinnt
rinnt langsam
rinnt
und versiegt

küss dich
von oben
wie schatten
unter der linde

abblätternd
goldfarbe vom zifferblatt
sich lösend
loslassend
dann gehend

weisse erde
erlosch das wort
im aschestaub
schwarz das flusswasser
verloren dich
die spur
wo warst du
als die roten schwäne vorbeiflogen?

das ist das letzte licht:
am waldrand weiden ziegen

das ist das ende des sommers:
an den bäumen hängen schatten

das ist der letzte tag:
vom himmel fallen vögel

das ist die letzte stunde

das ist die letzte sekunde:
dann schaut sie weg

ein kleines wörtchen
kleiner als liebe
ein kleines wörtchen
nur für dich
für zwischen vier lippen
für knabbernde zähne
ein kleines wörtchen
kleiner als liebe
ein kleines wörtchen
nur für dich